大坂城を極める

JN261641

はじめに

—徳川大坂築城の経緯—

本丸東面三重櫓群（慶応元年撮影：宮内庁蔵）

大坂城といえば誰しもが豊臣秀吉を思い浮かべられることでしょう。大坂城は大阪のシンボル、太閤さんの城といったところでしょう。実際、大坂城を訪ねてみると、「さすがに太閤さんや、ごっつい石使《いしつこ》たはるなぁ～」「太閤さんの城は日本一や」といった会話をよく耳にします。大坂城を築いたのは豊臣秀吉であることはまちがいありませんが、現在、目にすることのできる石垣や水堀、櫓や門などすべてが、その後の徳川幕府の再築によるものであり、秀吉の築いた大坂城は一切残されていません。

これまでの大坂城の本といえば豊臣秀吉の大坂城を中心として書かれたものは数多くあります。遺構としては一切残されていないにもかかわらずです。現在残されている徳川大坂城の遺構は日本の近世城郭のなかでは最大級の規模を誇り、城郭のなかの超弩級戦艦といえます。

本書では、そうした徳川幕府によって再築され、現在目にすることのできる大坂城を紹介するために企画したものです。現存する大坂城の建物や石垣については本書のなかで充分に知っていただくことができるので、ここでは、はじめにとして徳川幕府による大坂城の再築について述べておきたいと思います。慶長20年（1615）5月、大坂夏の陣によって落城した大坂城は松平忠明に預けられます。その豊臣大坂城を埋めてしまい、新たに築城を考えたのは2代将軍秀忠でした。秀忠は藤堂高虎を総普請奉行に任じ、「池の深さ、石垣の高さ旧時に増し、諸大名に丁場わり付」（『高山公実録』）という壮大なスケールでの再築を命じました。再築、改修というものの、新たな築城であったといっても過言ではないでしょう。

そして、この再築には全国の諸大名が動員されました。まず第1期工事が元和6年（1620）に開始されます。このとき動員されたのは31ヵ国47大名に及んでいます。工事は北側から始められますが、第1期工事は二の丸北側を再築しています。第2期工事は寛永元年（1624）より始められ58大名に動員がかけられ、現在の本丸が再築されています。そして第3期工事が寛永5年（1628）に始められ、57大名が動員され二の丸南面の再築がおこなわれました。驚くことに、現在見られる超弩級の巨大な大坂城はわずか10年間の工事で完成しています。豊臣秀吉の大坂城を凌駕するための徳川幕府の威信がこめられた築城だったのです。

最後になりましたが、本書は実際に大坂城を歩いてもらうために編んだ、少々マニアックなガイドブックです。ぜひ、本書を片手に大坂城の見どころを堪能していただければ幸いです。

大坂城を極める もくじ

Contents

■はじめに　2

■徳川大坂城　5

大手口枡形　10

千貫櫓　14

西の丸乾櫓・焔硝蔵　16

本丸桜門と蛸石　20

本丸石垣　24

復興天守閣・金明水井戸屋形　26

第四師団司令部庁舎　30

金蔵　32

隠し曲輪　34

石垣刻印・笠石銃眼・漆喰・雁木・チギリ　36

山里丸　38

二の丸青屋口　40

玉造口　42

一番櫓から六番櫓　44

二の丸伏見櫓　48

京橋口　50

筋鉄門　52

寝屋川石垣　54

■豊臣大坂城　57

■大坂城略年表　62

■あとがき　63

徳川大坂城

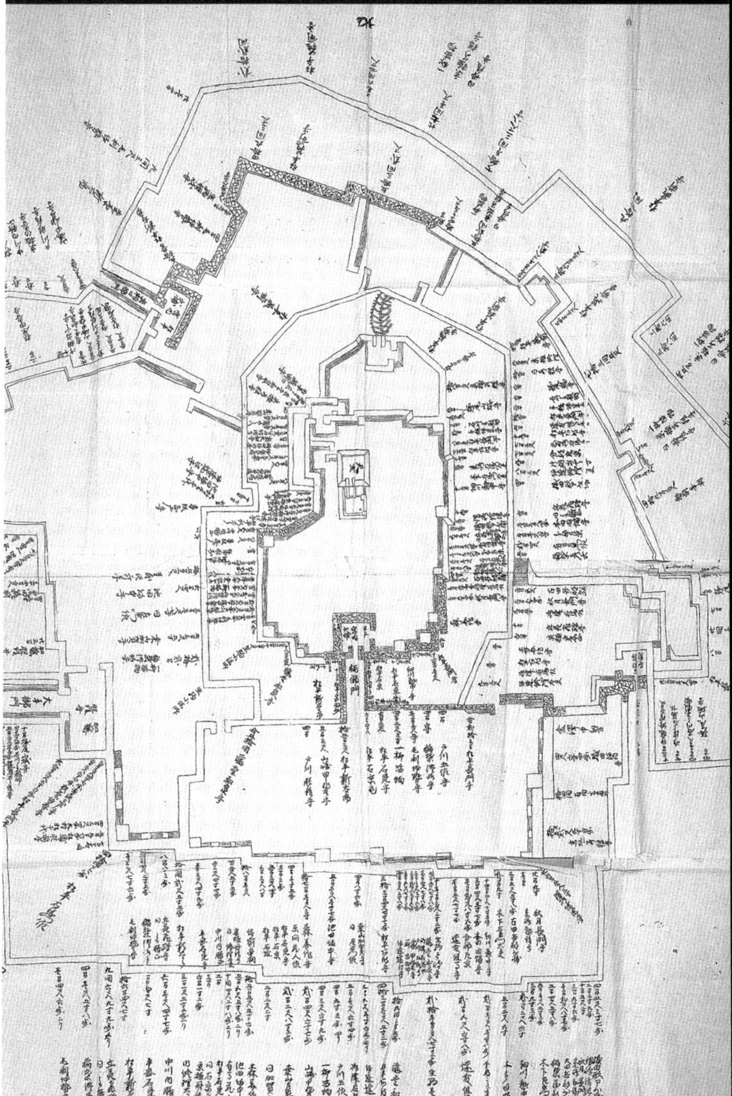

大坂城《おおさかじょう》普《ふ》請《しん》 丁《ちょう》場《ば》割《わり》図《ず》（大阪城天守閣蔵）

丁場とは石垣普請の担当を示すもので、本図には天下普請で動員された諸大名の担当地区が記されています。

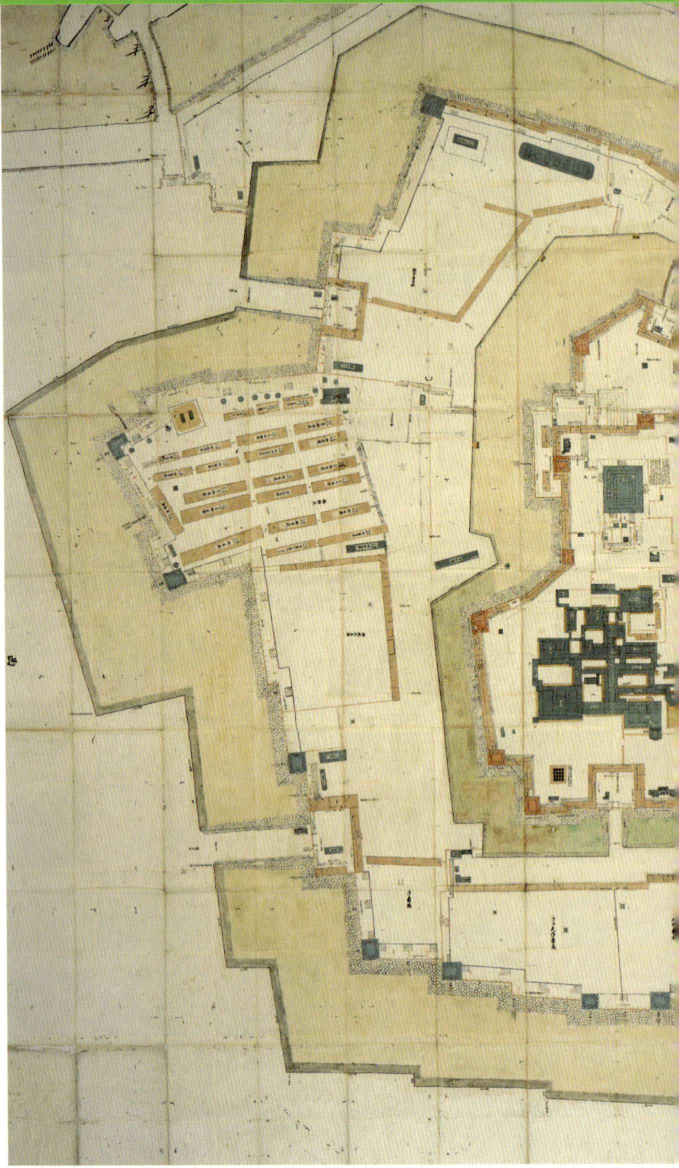

大坂《おおさか》御《ご》城《じょう》図《ず》　承応―明暦頃（国立国会図書館蔵）　本図は一間を三分とする方眼をヘラで引き、そこに縄張り図を描いた測量絵図です。天守や櫓、堀、石垣を色分けして描いています。

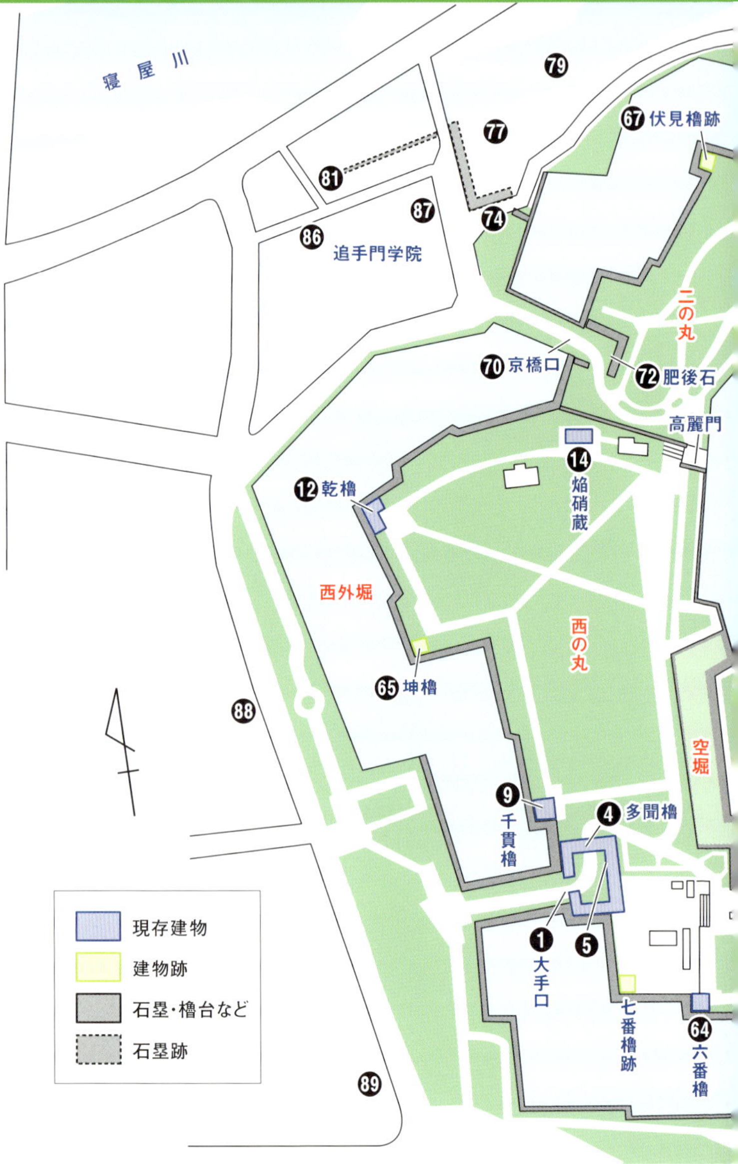
寝屋川
79
77
67 伏見櫓跡
81
87
74
86
追手門学院
二の丸
70 京橋口
72 肥後石
高麗門
14 焔硝蔵
12 乾櫓
西外堀
西の丸
65 坤櫓
88
空堀
9 千貫櫓
4 多聞櫓
1 大手口
5
七番櫓跡
64 六番櫓
89
現存建物
建物跡
石塁・櫓台など
石塁跡

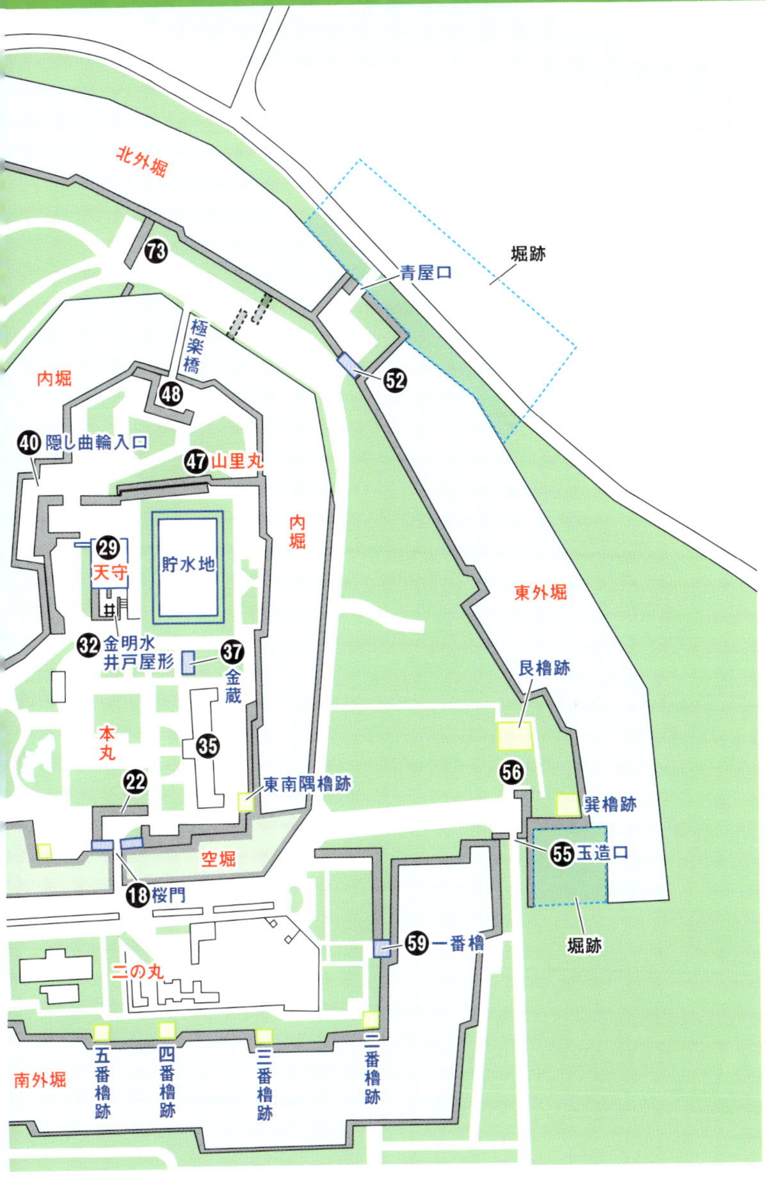

北外堀
73
堀跡
青屋口
極楽橋
内堀
52
48
40 隠し曲輪入口
47 山里丸
内堀
29
天守
貯水地
東外堀
32 金明水
井戸屋形
37
金蔵
艮櫓跡
本丸
35
56
22
東南隅櫓跡
巽櫓跡
空堀
55 玉造口
18 桜門
59 一番櫓
堀跡
二の丸
五番櫓跡
四番櫓跡
三番櫓跡
二番櫓跡
南外堀

❶大《おお》手《て》口《ぐち》枡形《ますがた》高麗門《こうらいもん》（重要文化財）

大手口枡形正面の二の門は高麗門となり、両脇には巨大な鏡石を据え、挟間と笠石銃眼を備えた土塀をめぐらせています。現在の門は嘉永元年（1848）に再建されたものです。

❷大手口枡形全景

南外堀より臨んだ大手口枡形。内枡形に取り付く巨大な土橋と、それに対しての横矢のきく千貫櫓との関係がよくわかります。

❸大手口枡形櫓門（左）と続櫓（右）（重要文化財）

大手口の枡形は二の門を入ると左に折れる内枡形で、一の門は櫓門となります。

大手口は二の丸西面に構えられた虎口で外堀には巨大な土橋を架けています。その間口は南北 20 間 2 尺、東西 14 間 5 尺を測り、日本最大級の枡形規模となっています。

天明 3 年（1783）に落雷で焼失、嘉永元年（1848）に再建されますが、この時に枡形右手にあった多聞は再建されず、土塀となります。内枡形であるのに、枡形に入ると三方からではなく、二方面からの攻撃しかできないのはこのためです。なお焼失した右手多聞については、現在もその礎石をみることができます。

❹大手口枡形櫓門

大手一の門の櫓門は桁行20間、梁間5間の渡櫓の下に7間の門を設けています。門の上方には鉄板の連子窓を開け、軒下には槍下しを設けています。

❺大手枡形の巨石

大手口の枡形には正面に見附石、二番石、三番石といわれる石が鏡石として配されています。ここは加藤忠広の担当で石は小豆島より運ばれたものです。

塀の外と内を見比べてほしい

石垣の天端石を半月形に刳り込んで鉄砲《てっぽう》狭《さ》間《ま》をしているものを笠石銃《かさいしじゅう》眼《がん》と呼んでいます。江戸城、大坂城、二条城、岡山城にのみ設けられた珍しい狭間です。

写真❻は大手脇塀に設けられた笠石銃眼を城外よりみたもので、❼は同じ銃眼を城内よりみたものです。

❻城外から見た笠石銃眼

❼城内から見た笠石銃眼

❽大手口枡形土塀（重要文化財）の石控柱《いしひかえばしら》と雁木《がんぎ》

大手口両脇の土塀は石造の控柱で支えられ、雁木で登り降りできるようになっていました。笠石銃眼の構造もよくわかります。

❾千貫櫓南面（重要文化財）

千貫櫓は大手の左側に構えられた櫓でその櫓台は高さ約 24 mを測る城内では本丸東面に次いで高い石垣です。

❿千貫櫓南面

千貫櫓は大手に対して突出した櫓台を構え、見事に横矢をかけています。まさに銭千貫に値する櫓です。

千貫櫓は大坂本願寺の頃より存在する名称と言われています。大手に対してにらみを利かすこの櫓の価値はまさに銭千貫にも換え難いものとなっています。

城外に面する２面には中央に出窓型の石落しを設け、切妻屋根としています。平側二重目の屋根には唐《から》破《は》風《ふ》を設けています。二の丸の櫓群で唐破風を持つのはこの千貫櫓のみです。

初重平面は８間×７間で大坂城中では中クラスの櫓となっています。

大変珍しいのは荷揚が設けられていることです。棟札より元和６年（1620）の造営であることがわかります。

⓫城内側から見た千貫櫓

城外に面する南面と西面には中央に出窓型の石落しを設けていますが、城内側に面する北面と東面は窓を一切設けていない「のっぺらぼう」です。

西の丸乾櫓《にしのまるいぬいやぐら》・焔硝蔵《えんしょうぐら》

⑫乾櫓北面（重要文化財）

二の丸北西隅に構えられた乾櫓は平面がＬ字状となる大変珍しい構造の櫓です。また初重と二重目の平面が同じ重箱形となっています。

⑬城内側から見た乾櫓

乾櫓も城外に面する２面には中央に出窓型の石落しを設け、窓も多く備えられていますが、城内側の２面はやはり出入口の扉が設けられているだけの「のっぺらぼう」です。

西の丸米蔵曲輪から見て乾の方向（北面）に位置することより乾櫓と呼ばれています。ちょうど二の丸の出隅部にあたることから、北辺と西辺に構えられるようＬ字状の平面となっています。

初重は城外に面する北面と西面の中央には出窓型の石落しが設けられ、切妻屋根となっています。

初重平面は北辺が８間×４間、西辺が８間×４間の規模でこれと同寸法の二重目が載っています。逓減率のないこうした同規模の上層が載る構造を重箱型と呼んでいます。

棟札に元和６年（1620）とあることにより、千貫櫓とともに城内で最も古い櫓であることが判明しています。

⑭焔硝蔵西面（重要文化財）

東西端に出入口を設けています。出入口は三重構造となっています。

⑮焔硝蔵内部

両側の壁面は切石によって積まれ、目地には漆喰が埋められています。天井にも石が用いられています。

⑯焔硝蔵北西面

壁面の石材には随所に刻印が認められます。また北面の排水口には板状石材が斜めに立て掛けられています。

⑰八角薪蔵古写真（大阪城天守閣蔵）

焔硝蔵の北面から西側にかけては八角形の薪蔵が12棟ありました。明治以後も数棟残されていましたが、その最後の1棟も昭和20年の空襲で焼失してしまいました。

焔硝蔵は城郭内の施設で最も重要な施設でした。

大坂城では当初、青屋口に設けられていましたが、万治3年（1660）落雷により大爆発をおこし、大惨事となりました。

このため貞享2年（1685）に石造りの焔硝蔵が西の丸と青屋口に再建されました。東西がやや狭くなり出入口を設けています。壁の厚さは2.4 mで外壁、内壁を石積みとし、その間には礫が充填されました。

天井と床も切石の花崗岩製で、屋根のみ本瓦葺きとしています。

扉は三重の金属扉で、木箱入りの火薬が収蔵されていました。その造りの頑丈さより、明治になっても陸軍が一時火薬庫として用いていたと言われています。

本丸桜門と蛸石

ほんまるさくらもんとたこいし

⑱本丸桜門（重要文化財）

本丸正面の門は桜門と呼ばれています。現存する門と塀は明治20年に陸軍によって建てられたものですが、重要文化財に指定されています。

⑲本丸桜門と龍虎石《りゅうこいし》

桜門両脇には方形に加工された鏡石が据えられ、向かって右側を龍石、左側を虎石と呼び、『金城聞見録《きんじょうぶんけんろく》』には龍虎の姿が浮かびあがった絵が載せられています。

⑳本丸正面の空堀
本丸正面は空堀となっています。奥に見えるのが桜門に架かる土橋です。

㉑本丸西辺の空堀と水堀
空堀は本丸西面にもおよび、水堀との内には段差が設けられ、方形に組まれた樋状の施設が設けられています。

本丸の南辺中央に正面虎口となる桜門が構えられています。二の門の高麗門を入ると右折れして一の門が櫓門となる典型的な内枡形虎口となっています。

虎口正面は空堀とし、そこに土橋が架けられています。なぜ正面を空堀としたかは不明ですが、軍事的にはこの高さでは圧倒的に空堀が有利と考えられます。また、地形的には本丸は北に向かって下がっているため、全面を水堀とするのは不可能であったと考えられます。

㉒桜門枡形の蛸石

桜門枡形正面に据えられた蛸石は畳約36枚敷きの巨大なものです。この右に碁盤石、さらに枡形西面に振袖石と呼ばれる巨石が据えられ、本丸正面の威厳を示しています。

㉓蛸石拡大図

蛸石の由来は石材左端に蛸の頭のようなシミがあるからと言われていますが、『金城聞見録』では石材中央に巨大な蛸が描かれています。

㉔桜門枡形の古写真（大阪城天守閣蔵）

桜門の枡形正面石垣上には続櫓が幕末まで構えられていました。蛸石の目地にも漆喰の埋められていた状況がよくわかります。

天端《てんば》50cm、見かけ倒しの巨石

蛸石は正面11.7 m × 5.5 mで畳36枚敷きの巨大なものです。しかし焼失した続櫓に登ってみると、その厚さの薄いことに驚かされます。見ることのできる天端はわずか50cm程度しかありません。つまり正面を大きく見せる、見かけ倒しの石であったことがわかります。古くは表面がこれほど巨大なことより、厚さも相当あり、どのようにして運ばれたのかが謎でしたが、これなら楽に運べそうです。実は枡形に用いられている他の巨石も全てこの厚さであることが判明しています。

しかし、見かけ倒しではありますが、これだけの巨石をこれだけの薄さに切り出せた技術には驚かざるを得ません。

㉕蛸石の上部

桜門は本丸の正面にあたる虎口であり、威厳を示すため、巨石が集められています。正面の蛸石は城中第1位で碁盤石が城中第6位、振袖石が城中第3位、桜門四番石が第9位、龍石が城中第10位と上位10石中、実に5石が桜門枡形に集中しています。

この枡形の石垣を担当したのは岡山藩の池田忠雄でした。石材は犬島、沖ノ島など瀬戸内海の島々から切り出した花崗岩を用いています。

巨石は大阪湾より修羅などの棧で運ばれたようですが、近年発見された筑前黒田家文書では、堀割は大坂城まで続いており、石上場と記された所が点々とあり、築城現場近くまでは水運を利用して運んで陸上げしていたことがわかります。

㉖本丸西南隅の高石垣

本丸の石垣は第２期工事で築かれたものです。写真は本丸の西南隅で、上部には西の一番櫓と呼ばれる三重櫓が建てられていました。

㉗本丸西の一番櫓古写真（宮内庁蔵）

写真26に建てられていた西の一番櫓は三重櫓ですが７間×６間の小クラスの櫓で、初層に出窓型の石落しを設けています。慶応４年に焼失しました。

㉘本丸東面の高石垣

本丸東面は大坂城で最大の高さを誇る石垣で、水堀の水面より高さ約 24 m を測ります。手前より突出した部分には三重櫓の東南角櫓、御馬印櫓、月見櫓、糒櫓が多聞で繋がっていました。

本丸は第 2 期工事で築かれました。本丸には桜門の東より南の手櫓、東南角櫓、御馬印櫓、月見櫓、糒櫓、北の手櫓、埋門向櫓、御成門の内櫓、数寄屋前御櫓、南西角櫓、西の一番櫓と三重櫓が 11 基聳え、これらは多聞櫓によって結ばれていました。

正面と西辺南側は空堀となり、他の三方は水堀となっています。

復興天守閣・金明水井戸屋形《ふっこうてんしゅかく・きんめいすいいどやかた》

㉙復興天守閣正面

現在の天守は秀吉時代の天守から数えて、３代目のもので、昭和６年に建てられた鉄筋コンクリート製のもので、外観５重、内部８階構造で建設費は47万円（当時）かかりましたが、全て大阪市民の寄付で賄われました。

徳川幕府によって造営された天守の構造は外部５重、内部５階穴蔵付きで初層の規模は17間×15間となっていました。

秀吉時代の天守は30歳、徳川時代の天守は39歳、そして昭和の天守は今年（2011年）に80歳を迎えました。三代目の天守は昭和６年に再建されたもので、徳川時代の天守台に、大坂の陣屏風を元に設計されたという奇想天外のものですが、今では大阪を代表する景観となってしまいました。

㉚ 天守台古写真（大阪城天守閣蔵）

徳川幕府による天守の造営は寛永３年（1626）に完成します。しかし寛文５年（1665）には落雷で焼失し、わずか40年弱の寿命でした。以後昭和６年までの間、天守台のみの姿でした。

㉛ 天守台石垣

現在の天守台は徳川幕府によるもので、大天守と小天守からなる複合天守で、江戸城と同じ型式です。

㉜金明水井戸屋形（重要文化財）

小天守台に小天守は造営されず、その中心には黄金水と呼ばれる井戸が掘られ、屋形が備えられていました。屋形は棟札の銘文より、寛永3年（1626）に造営されたものであることがわかりました。

黄金水は俗に金明水と言われていますが、これは秀吉が井戸に黄金を入れて、水をきれいに保ったという伝承に基づいています。しかし、徳川大坂城では黄金水と記されており、金明水は本丸御殿の一画にありました。近代以降秀吉伝説から金明水と呼ばれるようになりました。

その覆屋として屋形があります。屋形は桁行1間、梁間1間の小規模な建物で、解体修復の結果、棟札銘より寛永3年（1626）に建てられて以降、一度の修理もされていないことが判りました。つまり寛文5年（1665）の大天守の焼失時にも焼けなかったことになります。

㉝天守閣入口

小天守台からは大天守台に埋門《うずみもん》があり、天守台地階（穴蔵）へ出入できる構造となっています。

殿方のみ見ることができるポイント

本丸桜門の背面の公衆便所は最近建てられたものですが、そのデザインは実にすばらしいものです。男性の小便用は吹き抜けとなっており、便器の前に立つと、その正面には桜門枡形背面の巨大な石垣を見ながら用を足すことができる、城好きにはたまらない便所です。こんな素晴らしいトイレを造った大阪市に拍手。

㉞桜門枡形裏手の本丸公衆トイレ

第四師団司令部庁舎《だいよんしだんしれいぶちょうしゃ》

㉟第四師団司令部庁舎

本丸御殿のあった場所には昭和６年に第四師団司令部庁舎が建てられました。戦後は長く大阪市立博物館として用いられていました。

天守閣の復興とともに城内に第四師団司令部庁舎も市民の寄付によって建てられました。天守閣の建造費が47万円（当時）であったのに対し、師団司令部は80万円（同）と天守閣よりも高額でした。その構造はヨーロッパの城を模したものとなっています。大坂城には近代になると陸軍が入りますが、この司令部庁舎の寄付によって天守閣へは一般市民も入れることができました。昭和15年には師団司令部は中部軍管区司令部となり、戦後は大阪市立博物館として使われていました。平成13年、大阪歴史博物館が城外に開館し、現在この建物は使用されていません。

㊱午砲《ごほう》

大天守入口前に青銅製の大砲が置かれています。これは明治の陸軍のもので、正午になると号砲が鳴らされていました。大阪市民は「ドン」と呼んで親しんでいました。

小天守台に置かれた青銅製の大砲は文久３年（1863）に幕府の命令により、津山藩の鋳工百済清次郎によって鋳造され、大阪湾防備のために築かれた天保山砲台に備えられていました。

明治３年（1870）に陸軍は報時のための午砲を開始します。翌４年には青銅砲は大坂城内に移され午砲台を設置し、報時業務が開始されました。空砲の音より大阪市民からはドンと称され親しまれていました。大正11年（1922）陸軍は経費削減のため報時業務を廃止したそうです。以後この砲が用いられることはありませんでしたが、大阪城復興60周年の際、「ドン」が再現されました。

金蔵

きんぞう

㊲ 金蔵西南面（重要文化財）

金蔵は「かなぐら」とも呼ばれ、寛永２年（1625）に２階建で造営され、天保８年（1837）に１階建に改造されています。

金蔵は寛永２年（1625）に建造されたものを天保８年（1837）に改造したもので、構造は８間×３間の土蔵造りとなっています。

戦前までは２棟ありましたが、１棟は昭和４年に高槻城跡に置かれた陸軍の工兵第四大隊へ移され、現在は１棟のみが残されています。ここには西国からの年貢金や長崎貿易の収益金などが収められていました。

記録によると、元文５年（1740）に大番組の窪田伊織の中間《ちゅうげん》（従者）である梶助が、この金蔵を破り、4000両の金を盗み出しましたが、捕えられています。この金蔵破りの結果、窪田伊織は役職御免、御金奉行は改易、御破損奉行は遠島となりました。もちろん梶助は磔となりました。

㊳ 金蔵正面

現存する城郭の金蔵としては唯一のもので、床板の下には厚い石が敷かれ、入口は二重の土戸と鉄格子戸の三重構造とし、窓も土戸と鉄格子となっています。

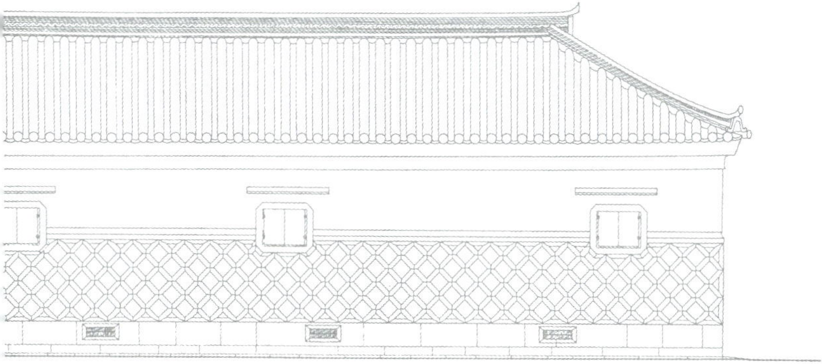

隠し曲輪

かくしぐるわ

㊴西の丸から見た隠し曲輪

本丸の北側には一段低く山里丸が構えられ、西側には隠し曲輪と呼ばれる腰曲輪が一ヵ所設けられていました。

㊵隠し曲輪入口

本丸と隠し曲輪を結ぶ埋門は間口1間と至って小さなもので、これは敵に隠し曲輪の存在を知られないようにするためのものでした。

隠し曲輪は本丸の西側に設けられた腰曲輪です。軍学では「逆臣曲輪」とも言い、城内に進入してきた敵に対して、ここに潜んでいた城内兵が敵の背後をつくように設けられた曲輪です。

従ってその曲輪の存在を知られないように出入口はできるだけ目立たない部分に小さく設けています。大坂城の隠し曲輪も出入口は山里丸から本丸に至る姫門の脇にわずか間口1間に構えられており、今でもほとんどこの曲輪を訪ねる人はいません。

㊶ 隠し曲輪石垣の刻印

隠し曲輪から本丸に立ちあがる石垣面は多くの刻印を見ることができます。特に中央部に集中しており、中央より北側の⊕が伊予大洲藩加藤家のもので、南側㊅が丹波園部藩小出家のものです。

㊷笠石銃眼

笠石銃眼とは石垣の天端に置かれた方形の笠石と呼ばれる石をくり抜いて造られた鉄砲狭間のことです。縄張りを担当した藤堂高虎の家臣米村勘左衛門の設計によって備えられたものです。

㊸刻印

石垣の石材には刻印と呼ばれる記号が打たれています。担当した大名の家紋や人名など、現在の大坂城では約2000種、5～6万個の石に存在すると見られています。

㊹雁木

石垣は城内側が少し高くなっており、城兵が一時に多く登り下りできるように石の階段となっています。これを雁木と呼び、石垣全面につくものと、櫓部分のみにつくものなど様々で、写真は本丸出隅へ直角にとりつく雁木です。

㊺チギリ

チギリとは石垣の石材と石材を鼓形にくり抜き、そこに鉛楔を打ち込んでずれないように工夫しているものです。写真は桜門枡形の石垣に残されたチギリで、鉛はすでに失われていますが、くり抜いた痕跡がよく残されています。

㊻漆喰の目地

石垣の目地《めじ》漆喰を見つけてみよう

大坂城の古写真を見ると、石垣の石材と石材の目地を漆喰で埋めているものがあります。これは目地を埋めてしまって隙間を完全になくしてしまい、石垣にとりつかれないようにしたものと考えられます。

明治以降、建物のない部分は風雨によってほとんど剥落してしまいましたが、現在でも櫓門直下や門の内部石垣に残されています。

山里丸《やまざとまる》

㊼豊臣秀頼・淀殿の供養塔

山里丸は本丸の北側に一段低く構えられた曲輪で豊臣時代もほぼ同じ位置に山里丸があったと考えられており、このため徳川大坂城ですが、この地に豊臣秀頼、淀殿の供養塔が建てられています。

㊽山里口枡形

山里口は本丸北側の虎口で、極楽橋と呼ばれる木橋によって二の丸と結ばれていました。山里口は一の門を櫓門、二の門を高麗門とし、左折れする内枡形虎口でした。

㊾山里口枡形古写真（宮内庁蔵）

山里口は慶応4年（1868）に焼失しましたが、この写真は焼失前の威容を伝えたもので、手前に極楽橋が写っています。左後方の三重櫓は本丸北の手櫓です。

㊿山里丸菱櫓台

山里丸の北辺の東隅と西隅には二重櫓が構えられていました。いずれも櫓台が鈍角に広がっており、櫓の平面は菱形になっていました。

51山里丸菱櫓古写真（宮内庁蔵）

山里丸の菱櫓も慶応4年に焼失する以前の写真が残されており、菱形の形状がよくわかります。写真㊿とほぼ同位置から撮られたものです。

二の丸青屋口
にのまるあおやぐち

52 青屋口櫓門

青屋口は二の丸北面に設けられた虎口で一の門の櫓門は昭和 44 年に古材を用いて再建されたものです。

青屋口は二の丸北面に設けられた虎口で大坂城では唯一内枡形の構造をとらず、出枡形となり、二の丸塁線より方形に突出して構えられています。前面の外堀には引橋が架けられていましたが、通常は引かれたままで通用に用いられることはほとんどありませんでした。

出枡形は一の門と二の門が直角に折れる枡形とはならず、一の門と二の門は並立して設けられるという変則的な枡形となっています。しかし、並立する門は一直線上には配置されず、ずらせて構えられていました。一の門は幕末に上部櫓が焼失しますが、門部分はその後も残されており、昭和 20 年の空襲によって一部焼失してしまいました。

53 青屋口正面

青屋口は大坂城では唯一出枡形構造となる虎口です。さらに枡形は二の門から一の門へ折れずに、ずらせて構えてはいるものの、並列させる構造となっています。

54 青屋口東面古写真（宮内庁蔵）

幕末の青屋口の姿を伝えるもので、正面に写る石落しをつける土塀が青屋口の出枡形の東辺で、中央左右に写る多聞が一の門の多聞です。

55 玉造口

玉造口は二の丸南東隅に構えられた虎口で、一の門を櫓門とし、二の門を高麗門とする内枡形構造の虎口でした。

56 玉造口の枡形

玉造口の枡形は早くに取り壊され、現在ではわずかに東側と北側の石垣の一部が残されているにすぎません。

57 東外堀

二の丸東外堀は早くに埋められてしまい、グラウンドなどに利用されていましたが、平成９年（1997)、天守閣平成の大改修の竣工に合わせて掘り直され、旧状の水堀が再現されました。

58 巽櫓《たつみやぐら》古写真（宮内庁蔵）

二の丸東南隅に構えられていた巽櫓の旧状、この左手側に玉造門がありました。右端の木立の下にわずかに写るのが艮櫓の屋根です。

玉造口は二の丸東南隅に構えられた虎口で、外堀とは巨大な土橋によって結ばれています。虎口は内枡形虎口となり、一の門は櫓門、二の門は高麗門で、二の門を入ると左折れする構造となっています。二の門正面の両脇には巨大な鏡石を据えています。

慶応４年（1868)、一の門と続櫓は焼失し、さらに明治以降、枡形の石垣も大部分が撤去されてしまいました。二の門は火災を免れたものの、昭和20年の空襲で焼失したようです。

一番櫓から六番櫓

いちばんやぐらからろくばんやぐら

59 一番櫓東面（重要文化財）

二の丸南外堀には、玉造口より大手に至るまでに7基の櫓が構えられていました。現在は一番櫓と六番櫓の2基が残されています。写真は一番櫓で寛永5年（1628）の建造で、寛文8年（1668）に大改造されています。

60 二番櫓、一番櫓古写真（大阪城天守閣蔵）

二番櫓は初層の平面が8間×7間の中クラスの櫓でしたが、昭和20年の空襲で焼失してしまいました。

61 城内から見た一番櫓

一番櫓も他の櫓と同様に城内側にはほとんど窓をつけない「のっぺらぼう」となっています。

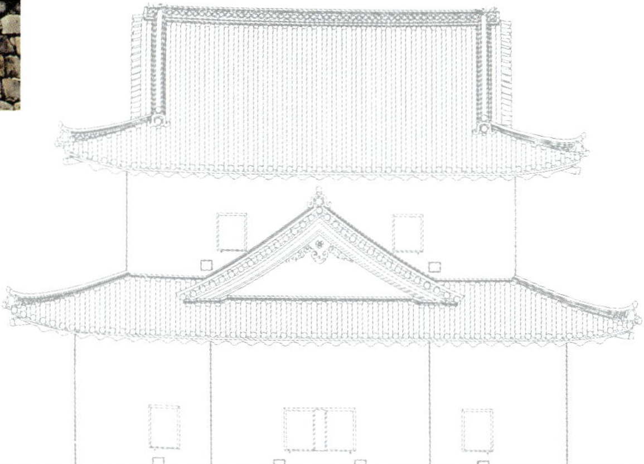

二の丸南外堀には玉造口より大手口に至るまで７基の二重櫓が設けられていました。一番櫓の初層は７間×６間、二番櫓は８間×７間、三番櫓は７間×６間、四番櫓は８間×７間、五番櫓は７間×６間、六番櫓は８間×７間、七番櫓は８間×７間と中・小クラスの櫓が交互に配されていました。

このうち四番櫓、五番櫓、七番櫓は慶応４年に焼失、二番櫓、三番櫓は昭和 20 年の空襲で焼失してしまい、現在では一番櫓と六番櫓を残すのみとなってしまいました。

62 南外堀の雁行

二の丸南外堀の石垣は随所に折をつける見事な雁行《がんこう》となっています。これは軍事目的というよりも長大な直線石垣では崩れる恐れがあり、折を設けて角をつけ強度を保ったものと考えられます。

63 二の丸南面古写真（小野清『大坂城誌』より）

明治末期に撮影された南外堀の景観で左より三番櫓、二番櫓、一番櫓が写されています。右端にわずかに見えるのが玉造門です。

㊹六番櫓南西面（重要文化財）

六番櫓は棟札銘より寛永5年（1628）に建造されたものです。

㊺坤《ひつじさる》櫓台

二の丸西辺には大手より京橋に至る間に千貫櫓、坤櫓、乾櫓という二重櫓が3基構えられていました。坤櫓は8間×7間の中クラスの櫓でしたが、昭和20年の空襲で焼失しました。

㊻坤櫓古写真

坤櫓は初重が8間×7間という中クラスの二重櫓でした。写真㊺とほぼ同位置から撮られたもので左端に乾櫓が写っています。

二の丸伏見櫓《にのまるふしみやぐら》

㊼二の丸伏見櫓台

㊽二の丸伏見櫓台

京橋口方面より望んだ伏見櫓台。京橋口への横矢としてはやや距離があり、この突出は横矢などではなく、一種の見栄えを意識したものと考えられます。

二の丸には計13基の櫓が備えられていました。本丸が全て三重櫓であるのに対し、二の丸は全て二重櫓でした。しかし、二の丸北西隅に構えられた伏見櫓だけは三重の威容を誇っていました。

櫓台も塁線より突出して構えられており、やはりこの櫓が大変重要な櫓であったことを示しています。

69 伏見櫓古写真（宮内庁蔵）

伏見櫓は慶応4年（1868）の大火にも焼け残ったのですが、昭和20年の空襲によって焼失してしまいました。各層の逓減率も大きく、安定した三重櫓の姿であったことがわかります。

伏見櫓は二の丸北西隅に構えられた櫓で二の丸では唯一の三重櫓でした。しかもその規模は巨大なもので、初層平面が9間×8間となります。大坂城の櫓では9間×8間が大クラスの櫓ですが、それはこの櫓だけで、大坂城中最大の櫓でした。

その名より『金城聞見録』では伏見城より移築したと記していますが、外観は初重中央に出窓型の石落しを設け、二重目を千鳥破風にするなど、他の大坂城の櫓と非常によく似た形態となっていることより、元和年間に建造されたものであることは間違いありません。

その規模は丸亀城や弘前城、宇和島城の天守よりも大きく、天守に匹敵する巨大な櫓でした。

70 京橋口正面

京橋口は二の丸北西に設けられた虎口で、内枡形虎口の石垣が残されています。

71 京橋口枡形古写真（大阪城天守閣蔵）

京橋口の枡形は完存していましたが、昭和 20 年の空襲で全焼してしまいました。写真は焼失前の壮大な京橋口の勇姿です。

72 京橋口枡形の肥後石

京橋口枡形の正面には肥後石と呼ばれる城内第 2 位の巨石が据えられています。備前岡山藩池田忠雄によって讃岐小豆島より切り出された石です。

二の丸を4つに区切る石塁《せきるい》

大坂城の縄張りは本丸と二の丸を回字に配置する典型的な輪郭式の縄張りとなっています。二の丸には大手口、京橋口、青屋口、玉造口の4ヵ所の虎口が設けられていますが、その虎口を破られると一気に二の丸全域へ侵入されてしまうために、二の丸内を仕切る石塁が設けられます。二の丸南側には東仕切（筋違仕切）と南仕切が、西側には北仕切が、北側には西仕切と東仕切がそれぞれ構えられており、二の丸を4つのブロックに区切っていました。

写真はそのうちのひとつで、二の丸北側の西仕切の石塁です。なお、この二の丸北側の東仕切と西仕切は極楽橋前面の馬出的機能も果たしていました。

73 西仕切石塁

京橋口は二の丸北西に設けられた虎口で外堀へは土橋が架けられていました。一の門が櫓門、二の門が高麗門となる典型的な内枡形門で、二の門を入ると右折れする構造となっています。

大坂城では搦手に相当する門であり、枡形には正面に城内2番目の巨石である肥後石、枡形左手に城内7番目の巨石である京橋口二番石などが据えられています。

ところで肥後石とは築城の名手加藤清正に由来するものですが、京橋口の担当は岡山藩主の池田忠雄でした。さらに清正はすでに死去しており、当時の熊本藩主は加藤忠広でした。

筋鉄門 すじがねもん

74 筋鉄門の石垣と礎石

江戸期の石垣の上に明治のレンガ

二の丸の北方、寝屋川との間は外曲輪と呼ばれ、米蔵や薪蔵などが配置されていました。西端は京橋口より京橋に至る間に仕切の石垣が構えられており、その出入口として構えられたのが、筋鉄門でした。現在その礎石と両側の石垣が残されています。外曲輪は明治以降、陸軍の砲兵工廠となり、筋鉄門はその正門となります。両側には石垣の上にレンガ塀が設けられました。

75 筋鉄門側面石垣

筋鉄門から京橋への仕切には見事な切石積の石垣が残されています。

⑯ 大阪砲兵工廠の石碑

外曲輪は明治3年に造兵司（後に陸軍砲兵工廠）となりました。

⑰ 砲兵工廠化学分析場

砲兵工廠の本館は明治12年に建造された明治を代表する近代建築でしたが、惜しくも解体されてしまい、現在は大正8年に建造されたこの分析場が唯一の建物となっています。

⑱ 筋鉄門古写真（大阪城天守閣蔵）

筋鉄門は巨大な薬医門でしたが、昭和20年の空襲で焼失してしまいました。門の内側中央には伏見櫓も写されています。

寝屋川石垣

ねやがわいしがき

79 寝屋川に面した北曲輪外郭石垣

大坂城の北端は寝屋川を堀としていました。その寝屋川沿いに構えられた長大な石垣は現在も見事に残されています。

81 寝屋川の石垣

日本経済新聞社ビル建設に伴い、地下から石垣が発見されました。積み方や石材より徳川大坂城の石垣と見られ、寝屋川護岸のために築かれた石垣と考えられます。現在一部が移築、保存されています。

⑳京橋古写真（長崎大学附属図書館蔵）

寝屋川に架けられた橋が京橋です。写真は北側より望んだ京橋で、手前が鯰江川に架かる備前島橋で、奥が京橋です。橋の向こうに京橋口の枡形が見えます。

⑫前島に残る石切場

備前牛窓沖の前島は池田忠雄の丁場へ運ばれた石の切出し場でした。巨大な石に矢穴が打たれ、今まさに割るところの石です。

前島の残石群

大坂城の石材は様々なところから運ばれています。そのほぼ全てが花崗岩です。産地は六甲山系、生駒山系、小豆島、前島、犬島などで、さらには伏見城の石垣石材の大半も大坂城へ移されています。

これらの石は水運を利用して大坂へ運ばれており、大坂では堀割に「石《いし》上《あげ》場《ば》」が設けられ、ほぼ築城現場近くまで舟で運ばれていました。

⑬港へおろす寸前の石

豊臣大坂城

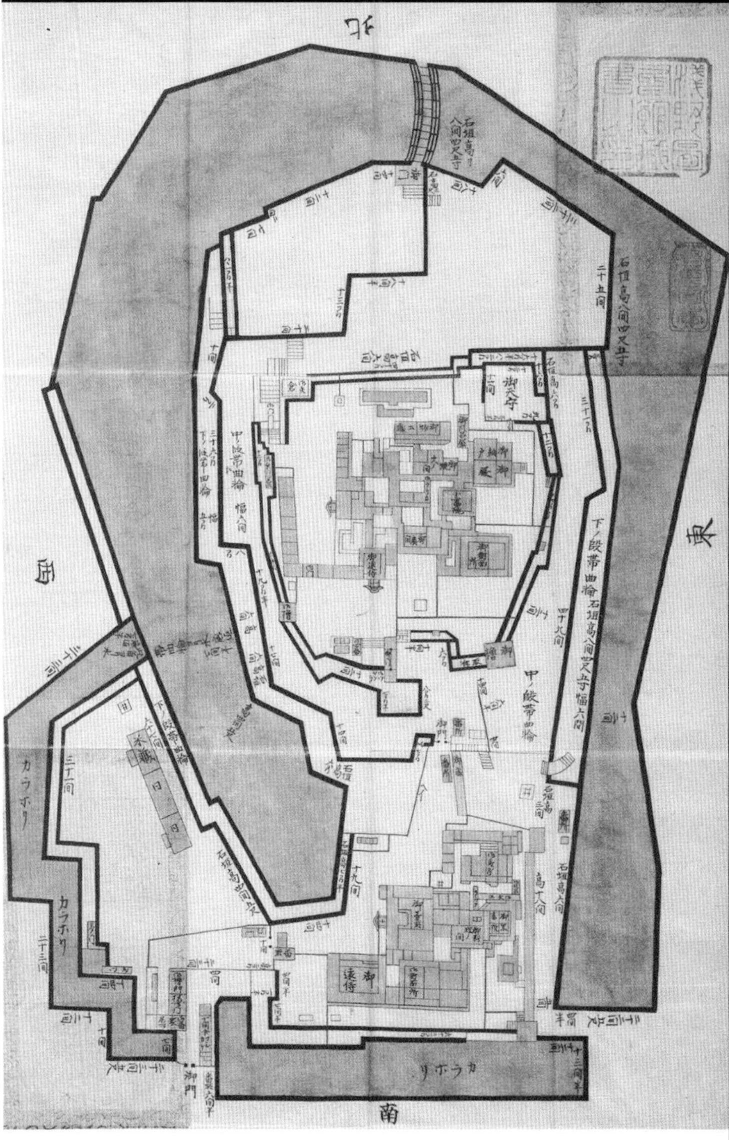

浅野文庫諸国古城之図浅野《あさの》文庫《ぶんこ》諸国《しょこく》古城《こじょう》之《の》図《ず》　**大坂**　**（広島市中央図書館蔵）**　幕府大工頭中井家に伝わる秀吉の大坂城本丸図と同種のもので、諸国古城之図として中井家の図を写したものと考えられます。

84 豊臣時代の本丸詰の段石垣（大阪城天守閣蔵）

大坂城本丸で昭和 60 年に発掘調査で検出された石垣。豊臣時代の本丸詰の段の石垣と考えられます。隙間の多い雑然とした積み方であったことがよくわかります。

85 現本丸地下で検出された石垣（大阪城天守閣蔵）

昭和34年の大阪城総合学術調査で検出された豊臣時代大坂城本丸の石垣。現在の本丸の地下7.3 mの地点で検出されました。天守閣の南側にこの時のボーリング坑が残っています（非公開）。

天正11年（1583）豊臣秀吉によって築かれた大坂城は慶長19年（1614）の大坂冬の陣の講和後、外堀が徳川家康によって埋められてしまいます。さらに元和元年（1615）の大坂夏の陣によって落城します。

徳川秀忠、家光によって元和6年（1620）より寛永6年（1629）に再築され、秀吉の本丸は地下深く埋められてしまい、史上有名な豊臣秀吉の大坂城は地上から一切姿を消してしまいました。

昭和34年の大阪城総合学術調査によって本丸の地下で石垣が確認され、現大阪城の地下に豊臣時代の石垣が眠っていることが判明し、その後の発掘調査で多くの地点から豊臣期の石垣が検出されています。

86 ドーンセンター前に移された豊臣期の石垣

現大阪城の西側でドーンセンター建設に伴い、発掘調査が実施され、豊臣期大坂城の三の丸と考えられる石垣が検出されました。現在移築して保存されています。

87 追手門小学校に復元された豊臣期の石垣

現大阪城京橋口の西側、追手門学院小学校の改築工事に伴い、発掘調査が実施され、豊臣期大坂城の三の丸と考えられる石垣が検出されました。現在移築して保存されています。

㊽豊臣期大坂城三の丸跡

現大阪城西側で大手前高校改築に伴い発掘調査が実施され、豊臣期大坂城の三の丸の遺構、遺物が検出されました。現在大手前高校には出土した遺物などを紹介するパネルが建てられています。

㊾三の丸堀障子

平成 15 年に大手の西側、大阪府警本部の建て替えに伴い、発掘調査が実施されました。その結果、三の丸の堀と考えられる堀が検出され、堀底からは堀障子の畝が検出されました。大坂冬の陣を前にした緊張が伝わってきます。

大坂城略年表

西暦	和暦	記事
1583	天正 11	豊臣秀吉、石山願寺跡に築城開始（豊臣第 1 期工事）
1585	天正 13	初代天守完成（豊臣第 2 期工事）
1586	天正 14	二の丸の築造開始
1594	文禄 3	惣構の築造開始（豊臣第 3 期工事）
1598	慶長 3	三の丸の築造開始（豊臣第 4 期工事）。秀吉、伏見城で死去
1599	慶長 4	豊臣秀頼、伏見城から大坂城に移り、増築
1600	慶長 5	関ヶ原の戦い
1614	慶長 19	大坂冬の陣。和議により惣構、外堀が埋められる
1615	慶長 20	大坂夏の陣で大坂城落城、豊臣氏滅亡。松平忠明が大坂城主となる
1619	元和 5	幕府の直轄地として、大坂城代をおく
1620	元和 6	二の丸（西・北・東）の再築開始（徳川第 1 期工事）
1624	寛永元	本丸の再築開始（徳川第 2 期工事）
1626	寛永 3	二代天守完成
1628	寛永 5	二の丸（南）の再築開始（徳川第 3 期工事）
1629	寛永 6	大坂城再築工事が完了
1660	万治 3	青屋口の焔硝蔵に落雷
1665	寛文 5	落雷で 2 代天守焼失。
1685	貞享 2	石造の焔硝蔵築造（現存）
1783	天明 3	落雷で大手枡形多聞櫓・大門焼失
1843	天保 14	大坂の豪商に修築費献金を命じ、幕末の大修復開始
1856	安政 5	城内の建物の全面的修理と大手多聞櫓が復興
1863	文久 3	14 代将軍徳川家茂が大坂城に入城
1866	慶応 2	家茂、城内で死去
1868	慶応 4	戊辰戦争始まる。徳川慶喜、大坂城脱出後、城中大火となり、城のほとんどが焼失
1871	明治 4	明治政府、城内に大阪鎮台を設置
1888	明治 21	大阪鎮台が第四師団に改編
1928	昭和 3	市議会で天守閣復興を決定
1931	昭和 6	市民の寄付により 3 代天守閣完成
1945	昭和 20	空襲で京橋口多聞櫓、伏見櫓など 4 棟焼失。米軍に接収される
1948	昭和 23	大阪城、日本に返還される
1949	昭和 24	天守閣の一般公開が再開
1953	昭和 28	城内旧建物 13 棟が重要文化財に指定
1955	昭和 30	大阪城域、国の特別史跡に指定
1959	昭和 34	本丸地下に豊臣大坂城の石垣発見
1965	昭和 40	極楽橋再架。西の丸庭園開園
1995	平成 7	平成の大改修開始（平成 9 年まで）
1997	平成 9	天守閣が登録有形文化財となる
2011	平成 23	大阪城天守閣復興 80 周年

あとがき

大阪で生まれ、育った私にとって、大阪城は最も慣れ親しんだお城でした。中学、高校時代には部活で毎日のようにランニングをし、隠し曲輪は試験勉強やデートに利用しました。ある意味、私の城郭研究の原点は大坂城だったのかも知れません。

その大坂城が徳川幕府による再築であることを小学校高学年で知った私は太閤さんの城よりも、むしろ徳川幕府が西国の抑えとして再築した大坂城のほうに強く心を惹かれました。大阪人としては異例かもしれませんね……。

しかし、その超弩級の城郭は間違いなく日本一であり、他の追随を許しません。

ところで私は中学生のときに日本古城友の会に入会し、毎週日曜日には、故藤井重夫先生や会員の方々と大坂城の刻印調査に参加させてもらいました。その時、志村清さんの『大阪城今昔』というかつての大坂城の姿を写した古写真が多く掲載されている本に出会いました。また志村さんとはその後親しくおつきあいをさせていただくことができました。『大阪城今昔』は志村さんの大阪城に対する深い愛情が伝わってくる本です。

また大坂城研究のバイブルとして小野清氏『大坂城誌』と松岡利郎氏の『大坂城の研究』を挙げておかねばなりません。本書はそれらの足元にも及びませんが、多くの人に徳川大坂城の壮大さをお伝えするためにまとめてみました。

2007 年に『彦根城を極める』を刊行しましたが、その時はまさかシリーズ化されるとは思いもしませんでした。シリーズ化にあたって彦根城の次は即座に大坂城を選んだことはいうまでもありません。

＜参考文献＞
小野　清『大坂城誌』名著出版　1973
志村　清『大阪城今昔』日本城郭資料館出版会　1970
松岡利郎『大坂城の歴史と構造』名著出版　1988

中井　均（なかい　ひとし）
1955年生まれ 龍谷大学文学部史学科卒業
米原市教育委員会を経て、現在滋賀県立大学人間文化学部准教授
ＮＰＯ法人城郭遺産による街づくり協議会理事長

■主な著作
『近江の城―城が語る湖国の戦国史―』サンライズ出版　1997年
『城郭探検倶楽部』（共著）新人物往来社　2003年
『近江の山城ベスト50を歩く』（共著）サンライズ出版　2006年
『彦根城を極める』サンライズ出版　2007年

大坂城を極める

2011年11月30日　初版第1刷発行

著　者／中井　均

発行者／岩根順子

発　行／サンライズ出版株式会社
滋賀県彦根市鳥居本町655-1　〒522-0004
電話0749-22-0627　FAX0749-23-7720

© 中井　均　2011
ISBN978-4-88325-451-4 C0021

乱丁本・落丁本は小社にてお取り替えいたします。
定価は表紙に表示しております。